G

漫话大股市

深圳证券交易所投资者服务部 编著

上海三联书店

《漫话大股市》编委会

主　　编：徐良平
　　　　　张雪峰

副 主 编：李明华
　　　　　沈梁军

委　　员：

赵　方　陈　洁　田　楠

刘俊余　陈保全　陈　晴

陈名佳　周立川　林健芳

汤秋明　杨洁慧　郑从文

黄　敏　唐　岭　周海生

致　谢

支持单位（排名不分先后）

中证中小投资者服务中心有限责任公司

西南财经大学财商研究中心

海通证券股份有限公司

广发证券股份有限公司

国泰君安证券股份有限公司

华福证券有限责任公司

平安证券股份有限公司

申万宏源证券有限公司

国信证券股份有限公司

安信证券股份有限公司

华西证券股份有限公司

东兴证券股份有限公司

个　人（按姓氏笔画排序）

丁晓东 / 王会芳 / 左玲玲 / 叶国瑜 / 申　茜

付　彦 / 刘辅忠 / 李　想 / 杨宗杭 / 杨　春

杨　俊 / 杨　梦 / 吴　品 / 邱庆宁 / 何基撄

张　文 / 张斗刚 / 陆序生 / 陈妍熹 / 陈　峰

陈　沛 / 陈梦华 / 陈嘉懿 / 周　婷 / 赵亚媛

钟　清 / 饶　舜 / 徐子民 / 徐正刚 / 徐向江

徐栋良 / 曹文武 / 康江辉 / 彭　孜 / 程井彪

谢植江 / 解　蕙 / 蔡　涛 / 谭天舒 / 熊　伟

熊韵洁 / 颜志元

目录

前 言

我国资本市场拥有全球规模最大、交易最活跃的投资者群体。截至2022年2月底，我国市场A股投资者数量已突破2亿，其中人约数都是中小投资者。在与中小投资者沟通交流中，我们经常能听到投资者关于投资理财、风险防范、产品选择等方面的问题和困惑。我们切身感觉到，随着大家投资意识增强，对投资理财、风险防范、金融知识了解的需求越来越强烈，提升投资者金融素养是当前非常重要且紧迫的任务。

纵观全球资本市场，尤其自2008年金融危机以来，加强投资者教育、提升投资者金融素养已成为全球金融改革的共识，部分国家和地区已将该项工作纳入国家战略，从国家层面统筹推进。我国早在2013年就出台了《关于进一步加强资本市场中小投资者合法权益保护工作的意见》等重要文件，对资本市场投资者权益保护作出部署安排。2019年，证监会与教育部联合印发《关于加强证券期货知识普及教育的合作备忘录》，也提出要推动全社会树立理性投资意识，提升国民投资理财素质。

在此大背景下，我们编撰了这本投教金融绘本《漫话大股巾》。

本书由深圳证券交易所投资者服务部牵头，联合10家证券公司共同精心策划，内容涵盖公司治理、企业上市、投资入门、证券品种介绍、投资者群体介绍、投资者保护等，系统性强、覆盖面广、知识点新，是一本集专业性、系统性、趣味性于一体的高质量金融通识读物，适合投资新手们学习投资知识、了解资本市场，也适合投资大咖们换个视角重新审视资本市场。

在内容策划方面，我们希望能够给读者带来实实在在的"获得感"。本书站在一个更加宏观的视角，向读者系统性介绍资本市场这个"大生态"。希望读者通过阅读本书，能够更全面地了解资本市场生态系统，明白市场主体间的相互关系，认识市场的功能、存在的意义及其背后的运行逻辑，达到知其然、知其所以然、知其所以必然。

在表现形式方面，我们希望带给读者轻松、愉悦的阅读体验。本书以三国人物漫话金融故事为主线，让读者跟着家喻户晓的三国人物学习金融知识，通过历史人物和现代金融的碰撞，营造夸张幽默的反差感，让读者"看得懂""记得住"。

在本书编撰过程中，我们得到了市场机构、行业专家及设计团队的大力支持和帮助，中证中小投资者服务中心、西南财经大学财商研究中心等单位以及所内有关部门提出了宝贵意见和建议。各位的专业素养是本书质量的保证，在此致以诚挚感谢。

由于时间和能力所限，本书难免存在不足之处，欢迎广大读者批评指正。如您有任何宝贵的意见或建议，敬请发送电子邮件至fzhao@szse.cn，我们将认真对待您的每一项反馈。

"千淘万漉虽辛苦，吹尽狂沙始到金。" 学习投资知识从来不是一蹴而就的，但只要坚持，相信终将积小步而至千里。希望这本书能够帮助到每一位需要的人。

深圳证券交易所

投资者服务部

2022年3月

第一章

"公司"是怎么回事

日常生活离不开公司

企业是市场上主要的经济组织，我们的日常生活离不开企业。

是吗？来，把身上和企业相关的物件都取走。

看，我们生活中的大多数物品都是由企业设计、制造并出售的，比如一件衣服、一条裤子，甚至是一小瓶矿泉水。

企业有好多种形式，比如有限责任公司、股份有限公司、合伙企业、个人独资企业等等。

我们平时经常听到的"公司"，其实就是企业法律形态中最常见的一种形式。

据考证，在我国，"公司"一词最早由孔子提出。

他在《大同·列词传》中曾对"公司"作出解释："公者，数人之财；司者，运转之意。"

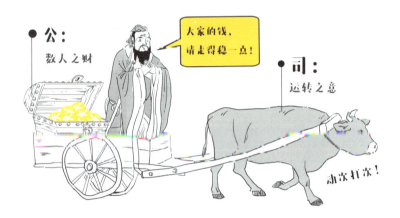

公司一般是指以营利为目的，从事生产、流通、服务等商业经营活动而依法成立的企业法人。

它有两个重要特点：

(1) 有独立的法人财产

公司的股东一旦出资，对于这些财产，个人就没有任何直接处置的权利了。

公司存续期间，股东也不得抽逃其投资。

但是，股东的股权或股份可以转让。

(2) 独立承担民事责任

股东人格与公司人格相互独立，公司以其拥有的全部财产对公司的债务承担责任。

有限责任是一项制度大创新

我们先来看看早期的公司长啥样。

很久很久以前，在欧洲地中海地区，有一个非常强大的国家，叫古罗马。

不是在打仗，就是在打仗的路上。

刀法要快，姿势要帅！

前线在不断地发生战争，罗马帝国的统治阶级则在思考——
如何才能获得更多的金钱去支持前线的战争。

统治阶级为解决财政问题，同意由一些商人组成团队，通过
帮助政府收税、在不同地区之间做贸易等方式获取资金。

这样以赚钱为目的的民间团体就成立了，并拥有了一个独立的身份。这，就是现代意义上企业法人的雏形。

我们再把时钟拨到17世纪欧洲的大航海时代。

那时候远洋贸易如火如荼，好多公司从荷兰到印度，做着跨境贸易。

走，去印度啦！

由于竞争十分激烈，导致公司利润不断下滑，各大公司怨声载道。

于是，荷兰政治家约翰·范·奥尔登巴内费尔特（Johan van Oldenbarnevelt）提出了相互合作的想法。

他联合14家公司组成了荷兰东印度公司，并对商业模式进行创新，设计了"有限责任"。

与"无限责任"模式相比，这种"有限责任"的创新模式，是具有历史意义的。

比如现在的合伙企业中普通合伙人、个体工商户等，就是承担无限责任。

而"有限责任"是出资人仅以其认缴的出资额为限，对被投资公司承担责任。

有限责任：

我投了多少钱，我就承担多少钱的责任。亏了不要找我，不能动我的个人财产。

个人财产

公司债务

公司财产

公司作为企业法人，它的独立人格和有限责任制度极大地促进了商业发展。

根据我国现行《公司法》，公司分为有限责任公司和股份有限公司两种。

(1) 有限责任公司

有限责任公司，是指由五十个以下的股东出资设立，每个股东以其所认缴的出资额对公司承担有限责任，公司以其全部资产对其债务承担责任的企业法人。

有限责任公司的特点：

一般规模较小，设立、运作步骤相对简单；运营上具有灵活性，不必发布公告和公布账目。

(2) 股份有限公司

股份有限公司，是指公司资本由股份组成，股东以其认购的股份为限对公司承担责任的企业法人。

股份公司的特点：

一般规模较大，公众性强；资本总额平分为金额相等的股份，通过发行股票进行融资，股票可以依法转让，公司的决策也按股东持股数量掌握话语权（差异化表决权除外）。

成立公司可不简单

公司注册是开始创业的第一步，那么如何成立一家公司呢？我们以刘备开公司为例。

我们来模拟下创立过程！开拍！

如何成立一家公司

第一步，核准名称。

第二步，提交材料。

第三步，领取执照和刻章。

至此，一个公司注册完成。

一家公司成立了，是不是就万事大吉了呢？

就好像我们修建好了房屋，要住得舒服，日常还需要打扫。成立一家公司也是如此，日常还得治理。

一般来说，公司治理主要调整的是公司内部的法律关系，比如组织机构设置是不是规范、权责是不是匹配、运行是不是稳健等。

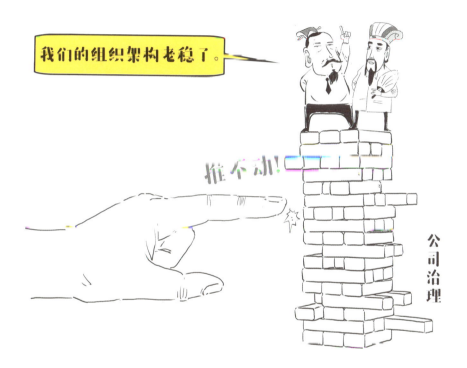

公司治理的核心架构由公司股东大会、董事会、监事会以及管理层组成。

股东大会是公司的最高权力机构，决定公司经营管理的重大事项。

董事会对股东大会负责，执行股东大会决议，指导并管理公司的日常事务。

董事会选聘公司的管理层，管理层是公司日常经营的实际组织者。

监事会是公司的常设监督机构，对公司董事、高管的经营管理和公司财务状况进行监督、检查。

内部治理的结构如下：

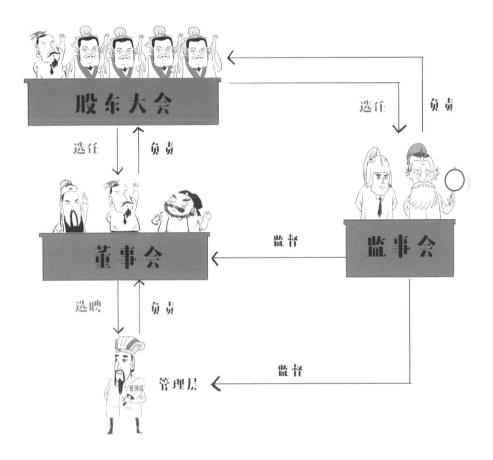

总的来说，公司治理是企业的"中枢神经"，良好的公司治理能帮助企业实现良好的可持续发展。

拓展阅读

双层股权结构

一般公司治理制度下，股东在公司的股权和表决权的比例是相等的。

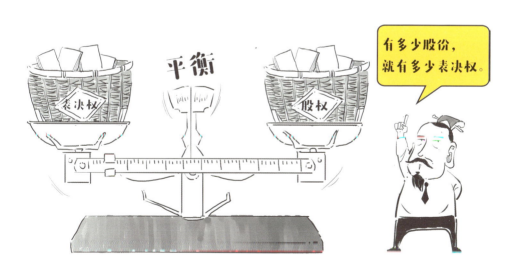

这种模式，我们称为"同股同权"。

有没有"同股不同权"的呢？有。

假设刘备的牛车是一家公司，刘备是这家公司的创始人。随着公司的发展，刘备需要筹集资金来维护牛车的日常经营。

于是，刘备开启多轮的外部股权融资。

随着一轮轮的融资，刘备手上的股权比例也越来越低。

创始人的股权被大大稀释，意味着对公司的控制权减损，甚至许多创业者在企业上市前已经不再拥有对企业的控股权。

如果延续传统的"同股同权"，那么很多需要融资的企业创始人就很容易失去控制权。

有没有什么办法，能让创始人既能顺利地获得融资，又能对"牛车"有比较大的控制权呢？

双层股权结构是一种解决方案。

该方案将公司股票分为A类和B类。

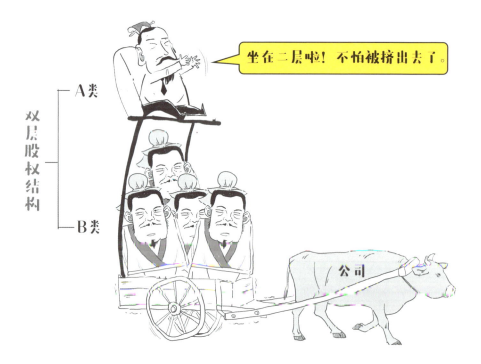

A类股票每一股有多票投票权，一般由创始团队持有。**B类股票**每一股拥有一票投票权，一般由创始团队之外的投资人持有。

双层股权结构可以防止恶意收购，也有利于控制权的集中。

A类特别表决权的适用范围有限制。在就修改公司章程等事项进行表决时，特殊表决权不适用，即 A、B类股份享有的表决权数量一致。

第二章

"上市"是怎么回事

上市，企业为什么要定这个"小目标"

随着企业的不断发展，员工数量不断增加，生产经营规模不断扩大，需要的资金也会同步增加。

该如何解决以上问题呢？

那就是融资！

间接融资与直接融资

融资，就是一个企业通过各种方式向机构或个人筹集资金的业务活动。

融资分为两种方式：间接融资和直接融资。

间接融资：

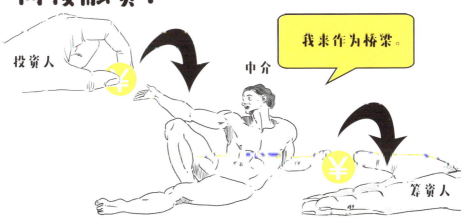

投资人　　　中介

我来作为桥梁。

筹资人

直接融资：

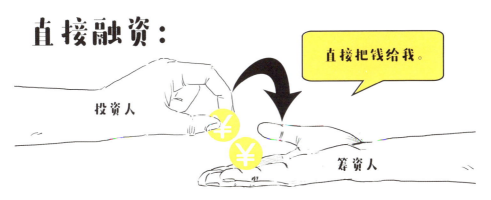

投资人

直接把钱给我。

筹资人

漫画背后的故事

漫画中的人物形象，来自米开朗基罗为梵蒂冈西斯廷教堂创作的巨幅天顶画《创世记》中"创造亚当"的一幕。

间接融资，是指以银行或非银行金融机构为中介进行贷款的融资行为。非银行金融机构包括信托公司、消费金融公司等。

在进行间接融资时，请一定要擦亮眼睛，识别非法金融广告，守好"钱袋子"。

直接融资，是资金盈余单位（企业、机构或个人）通过直接与资金需求单位签协议，或在金融市场上购买其发行的有价证券，将货币资金提供给需求单位使用。

商业信用、企业发行股票或债券，以及企业之间、个人之间的直接借贷等，均属于直接融资。

直接融资可以有效降低中介成本和交易成本，从而降低融资成本。

通常讲的"上市"就属于直接融资，它是指企业作为发行人，其发行的股票在证券交易所公开挂牌交易和流通，企业通过此种方式直接向社会公众募集资金。

上市是企业拓宽直接融资渠道的重要方式，是众多优质公司的共同选择。

来，我们先定一个"上市"的小目标。

上市的N种好处

上市融资的方式有利于企业降低融资成本，规范公司治理，同时也有利于社会闲散资金的优化配置。

上市后，公司要遵守上市公司相关法律法规，"持续达标"，促使高管人员更加诚信、勤勉，促使企业持续规范发展。

上市后股票价格的变动，形成对公司业绩的一种市场评价机制，对公司管理层有鞭策作用。

上市也具有较强的品牌传播效应，能够吸引成千上万投资者的眼球。

上市公司好厉害，但孙猴子也有紧箍咒！

企业要上市，一方面需要满足上市的基本条件，另一方面还需要接受公众的监督，公开披露经营状况和相关信息。

(1) 满足上市条件

不同的交易所、不同板块对上市企业有不同的要求，包括公司经营状况、财务指标、盈利能力、股权结构、公司治理等。

(2) 履行信息披露

上市以后企业就是公众公司，负有向社会公众按照法律法规要求进行信息披露的义务。信息披露的要求使得上市公司须按要求发布信息披露文件。

(3) 完善公司治理

企业上市后从股东大会、董事会、监事会到公司管理层，都需要满足一系列公司治理方面的要求。

(4) 控制权转移的风险

上市后公司股票的流动性增强，如果控股股东过多减持股票，其他投资者就有可能通过二级市场不断收购公司的股票，从而获取该公司的控制权。

现在荆州归我啦，我是实际控制人，你下去吧！

漫画背后的故事

《三国演义》中有一则小故事"刘备借荆州"，话说刘备以土地稀少不利发展为由向吴国的孙权"借"了荆州，后来一直未归还，荆州由关羽把守。

敲了钟，"身份"可就不一样了

刘备说的敲钟，是指企业上市的一个仪式。

通常情况下，人们用"敲钟"代指企业上市，不少企业把成功上市作为企业发展的重要里程碑。

敲了钟之后，会有什么不一样呢？

那得从上市公司与非上市公司的区别说起。

所谓上市公司，是指其股票在证券交易所上市交易的股份有限公司。

上市公司发行的股票可以在证券交易市场自由交易流通。

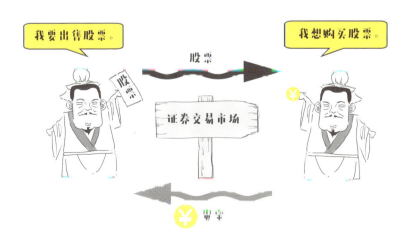

与非上市公司相比，上市公司最大的特点在于可利用证券市场进行筹资，通过广泛吸收社会资金，迅速扩大企业规模，增强企业竞争力，提高市场占有率，形成规模效应。

上市前　　　　　　　　　　　　上市后

因此，公司发展到一定规模后，往往将公司在证券交易所上市作为企业发展的重要战略步骤。

刘备队伍壮大了，好羡慕，我也想上市融资壮大队伍。

然而有江湖，就有规矩，上市公司也不例外。

上市公司作为公众公司，有一系列规范运作的制度要求，比如信息披露制度、公司治理制度等等。

总的来说，"上市敲钟"是非上市公司跨入上市公司行列中具有里程碑意义的一步，也是公司登陆资本市场至关重要的一步。

一个好汉三个帮，上市要找人来帮

公司想要上市，单打独斗可不行。

漫画背后的故事

东汉末年，曹操率大军准备攻打孙权。孙权就和刘备联合起来准备对抗曹操。于是，刘备就派诸葛亮到孙权处，和周瑜一起协同作战。

一家公司如果要上市，往往需要聘请保荐人、会计师、律师等中介，进行尽职调查、审计等上市前的相关准备工作。

上市大管家：保荐人

保荐人是指企业上市的推荐人。

保荐人是依照法律规定，为拟上市公司申请上市承担推荐职责，并为上市后一段时间的信息披露行为承担保荐责任的证券公司。

财务数据小能手：会计师

会计师主要为拟上市公司承办有关审计、会计咨询、税务等方面的业务。

我国对从事证券相关业务的会计师事务所和注册会计师实行许可证管理制度。

注册会计师

是否合规我把脉：律师

律师作为法律顾问，主要为企业的股票发行及上市、资产重组、并购、投资等业务提供法律服务。

律师事务所在组织上受司法行政机关和律师协会的监督和管理。

律师

由证券公司、会计师事务所、律师事务所、资产评估机构等组成的中介机构队伍，主要为证券市场信息提供核验与认证等服务，也被形象地比喻为市场"守门人"。

新《证券法》实施后，中介机构的职能和作用愈加凸现，中介机构的责任也在不断被压实。

天使投资、风险投资和私募投资

　　天使投资是权益资本投资的一种形式，是早期的直接投资。

　　"天使投资"最早由美国使用，一些富有的资助者对百老汇演出进行捐助，百老汇内部人员就把这些富有资助者称为"天使"。

风险投资是私人股权投资的一种形式。风险投资公司通过直接投资并获取被投资公司股权的方式，提供资金给被投资公司。

风险投资公司一般仅提供资金及专业上的知识经验，并不以经营被投资公司为目的。

私募指私募股权投资，简称PE（Private Equity），是非公开的特定投资者募集资金并用以投资的行为。

私募投资主要针对非上市公司进行股权投资，期限一般较长，而且除了直接注入投资资金外，通常还会为目标企业引入管理、技术、市场等资源。

投资人　　　　　　私募股权投资基金

私募

第三章

股市投资，你准备好了吗

投资者面面观

从市场参与角色入手，什么是投资者

以IPO为例，公司在证券交易所上市融资，其实就是把一部分公司股份卖出去，获得资金，本质上是一场交易。

漫画背后的故事

司马懿是三国时期曹魏的权臣。公元251年，司马懿死后，司马家族已经主宰魏国朝政，之后司马炎篡位称帝，建立晋朝，并一统三国。

既然是一场交易，公司是"卖家"，那"买家"是谁呢？

就是出钱购买上市公司股份的人，这个人在股票市场有个专业的称呼，叫**投资者**。

在证券市场，投资者就是在交易中买入证券的个人或者机构。

证券市场投资者可以分为个人投资者和机构投资者。

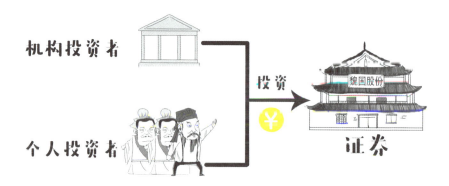

个人投资者 即从事证券投资的自然人，他们是证券市场最广泛的投资者。

机构投资者 主要有政府机构、金融机构、企业和事业法人及各类基金等。

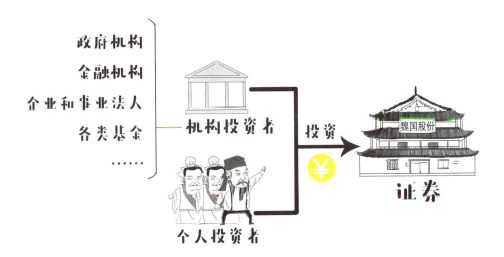

比如证券公司、期货公司、信托公司、基金管理公司、商业银行、保险公司、养老基金、合格境外机构投资者（QFII）、人民币合格境外机构投资者（RQFII）等，这些都属于机构投资者。

与个人投资者相比，机构投资者有什么特点

(1) 投资管理专业化

机构投资者一般具有较为雄厚的资金实力，在投资决策运作、信息搜集分析、上市公司研究、投资理财方式等方面具有优势。

个人投资者通常由于资金和能力有限，缺乏足够的时间去搜集信息、分析行情、判断走势，也缺少足够的专业资料数据分析上市公司的经营情况。

机构投资者的投资规模相对较大，投资周期相对较长，投资行为也更加理性。

(2) 投资结构组合化

证券市场是一个风险较高的市场，进行合理的组合投资，是控制风险的有效措施之一。

机构投资者庞大的资金、专业化的管理和多方位的市场研究，为建立有效的投资组合提供了可能。

个人投资者由于自身的条件所限，投资分散化相对不足。

(3)投资行为相对规范

机构投资者具有独立法人地位，投资行为受到多方面监管。

一方面，监管机构制定了一系列法律法规规范和监督机构投资者的投资行为。

另一方面，投资机构通过自律管理，从各个方面规范自身的投资行为，保护客户的利益，维护自身信誉。

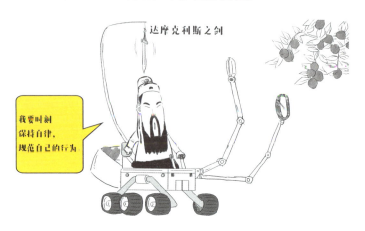

什么是普通投资者和专业投资者

除了个人投资者和机构投资者以外，投资者还可以分为普通投资者和专业投资者。

专业投资者是指具有 定投资经验及金融资产的投资者。

专业投资者包括：

·经有关金融监管部门批准设立的金融机构及其面向投资者发行的理财产品；

·社会保障基金、企业年金等养老基金；

·慈善基金等社会公益基金；

·合格境外机构投资者（QFII）；

·人民币合格境外机构投资者（RQFII）；

·符合条件的法人、其他组织或自然人。

专业投资者之外的投资者为**普通投资者**。

普通投资者在信息告知、风险警示、适当性匹配等方面享有特别保护。

当然，普通投资者和专业投资者在一定条件下可以互相转化。

什么是投资者适当性管理？

投资者适当性管理是指证券公司等金融服务机构在开展业务时，必须根据投资者的财产收入状况、风险承受能力、投资经验和投资需求等情况提供相匹配的金融产品或服务。

适当性主要包括以下三方面：

一是评估投资者。经营机构需要对投资者有全方面的了解，明确投资者风险承受能力，对投资者进行分关管理。

二是评估投资产品的风险。 经营机构需要了解其提供的产品、服务特点，尤其是产品、服务潜在的风险，建立完善的产品或服务分级制度。

三是将产品、服务和投资者进行匹配。 经营机构在对投资者及提供的产品、服务充分了解的基础上，将合适的产品、服务提供给合适的投资者。

投资者则需要在了解金融产品或服务的基础上，根据自身的投资能力、风险承受能力等情况，理性地选择适合自己的金融产品或服务。

那投资者该如何选择呢？

一般证券公司将各证券产品或服务按风险由低至高分为R1、R2、R3、R4、R5五个等级。

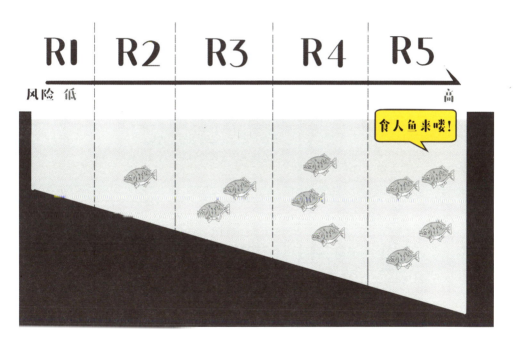

同时，证券公司将普通投资者按其风险承受能力等级由低到高划分为五级，分别为：C1、C2、C3、C4、C5。

风险承受能力等级

低

C1 保守型

不愿接受投资产品的任何下跌，甚至不能承受极小的资产波动，投资目标是保持投资稳定性与资产保值。

C2 稳健型

可以承受少许的资产波动和本金损失风险，首要目标是实现资产一定程度的增值。

C3 平衡型

为了获得一定收益可以承受一定程度的资产波动风险和本金亏损风险，主要强调投资风险和资产增值之间的平衡。

C4 进取型

为了获得高回报的投资收益，能够承受投资产品价格的显著波动，为实现资产增值，愿意承担相当程度的风险。

C5 激进型

能够承受投资产品价格的剧烈波动，也可以承担这种波动所带来的结果，为取得超额收益愿意冒更大的风险。

高

一般说来，专业投资者可以购买或接受所有风险等级的产品或服务。

对于普通投资者，证券经营机构应当在相关法律法规及投资者准入要求的前提下，以风险承受能力等级与产品或服务的风险等级相匹配为原则，对投资者提出适当性匹配意见。

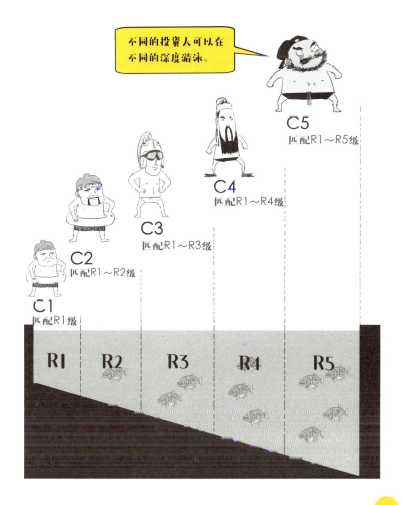

不同的投资人可以在不同的深度游泳。

C5
匹配R1~R5级

C4
匹配R1~R4级

C3
匹配R1~R3级

C2
匹配R1~R2级

C1
匹配R1级

R1　R2　R3　R4　R5

那么，投资者可以购买风险等级高于自己风险承受能力的产品或服务吗？

当证券经营机构告知投资者不适合相关产品或服务后，投资者仍主动要求购买时，证券经营机构会先确认其不属于风险承受能力最低类别的投资者，并进行特别的书面风险警示，投资者签署确认后才可购买。

炒股"小白"最想知道的几个知识

什么是股市行情

股市行情是指股票市场的涨跌情况。

投资者一般可通过股票软件来了解股市行情，具体可以关注股票价格、最新价、开盘价、收盘价、最高价、最低价以及成交量等来了解某只股票的行情信息。

股海沉浮，有波动，正常。

股市行情

什么是大盘

大盘是指股票、期货市场交易的整体行情。

大盘指数是运用统计学中的指数方法编制而成的，反映股市总体价格或某类股价变动和走势的指标，一般是指深市的"深证成指"和沪市的"上证指数"。

百舸争流，看整体行情！

什么是K线图

K线图是线形图和柱状图的结合，反映一段时间内股票走势。

K线图一般以交易时间为横坐标、股票价格为纵坐标，每根K线（柱状）表示一定时间内价格波动的范围。

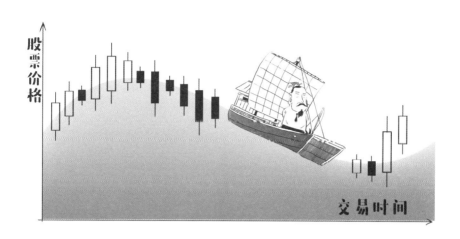

　　K线图的画法包含四个数据，即**开盘价、最高价、最低价、收盘价**。K线可以分为阳线、阴线和中立线，其中阳线代表收盘价大于开盘价，阴线代表开盘价大于收盘价，中立线代表开盘价等于收盘价。

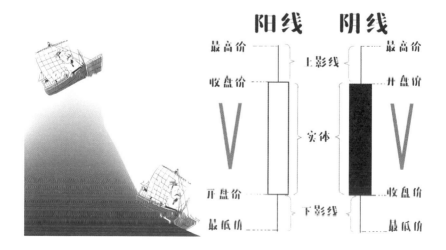

什么是成交量

成交量是指股票买卖双方交易的总数量，是判断股票走势的重要依据。

成交量的单位为"股"或"手"，A股"1手"代表100股。

我是英雄，我要1手遮天！

不，你想多了，1手在A股只有100股。

A股

漫画背后的故事

《三国演义》中著名的"煮酒论英雄"。曹操挟天子以令诸侯，刘备为防止曹操谋害，用种菜来掩人耳目。一日曹操请刘备喝酒，席间问刘备天下谁是英雄。刘备装作胸无大志，说了很多人都被曹操否认，最后曹操说，"天下英雄，唯使君与操耳"。

什么是换手率

换手率也称周转率，指在一定时间内市场中股票转手买卖的频率，是反映股票流通性强弱的指标之一。

在技术分析工具中，换手率和成交量类似，也是反映市场交投活跃程度重要的指标之一。

比如，某只股票当日的股票成交总量为20万股，该股票发行的无限售条件股份总数为1亿股，通过公式可以计算出该股票在当日的换手率应为0.2%。

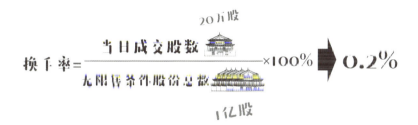

理性投资理念不可少

经典投资分析流派知多少

(1) 技术派和基本派

证券市场投资中，衍生出了很多市场分析的流派。其中，技术分析派和基本分析派传播最为广泛，也最为市场所认可。

好老师在哪里？我想拜师学投资！

来来来！我们先学学有啥流派。

所谓**技术分析**是指通过市场行为的历史记录（主要是图表）来预测价格走势并决定投资的策略。

技术分析派的三大假设为："价格沿趋势波动""历史会重演""市场行为涵盖一切信息"。

技术分析流派以价格、成交量以及量价变化等作为分析对象，通过分析市场供求均衡状态，从而形成投资决策基础。

漫画背后的故事

《三国演义》中著名的"空城计"。有一次，司马懿引大军向诸葛亮所在的城池蜂拥而来，可是当时诸葛亮缺兵少将，根本无法迎敌。于是，诸葛亮利用司马懿生性多疑的弱点，大开城门，还亲自在城楼上弹起琴来。司马懿见了这个阵势，认为诸葛亮有埋伏，吓得赶紧撤军。

基本分析又称基本面分析，是以证券的内在价值为依据，着重于对影响证券价格及其走势的各项因素的分析，以此决定何时投资购买何种证券。

　　基本分析派的两大假设为："股票的价值决定其价格""股票的价格围绕价值波动"。

　　基本分析流派是目前投资界的主流派别，该派别以宏观经济形势、行业特征及上市公司基本财务数据等作为分析对象与投资决策基础。

(2) 什么是价值投资

价值投资最早可追溯至20世纪30年代，由格雷厄姆（Benjamin Graham）创立，经巴菲特（Warren E. Buffett)等投资大师的使用而发扬光大，它也是基本分析派最重要的分支。

价值投资的核心是通过研究相关信息对公司进行估值，在低估时买入，并长期持有的理念。

价值投资

● 20世纪30年代
格雷厄姆创立

● 巴菲特等投资大师发扬光大

● 20世纪70—80年代在美国广受推崇

价值投资认为股票价格围绕"内在价值"上下波动，而内在价值可以通过一些方法测定。股票价格长期来看有向"内在价值"回归的趋势，当股票价格低于内在价值时，就出现了投资机会。

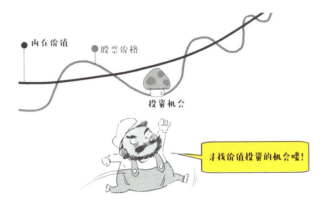

(3) 哪些大咖坚持价值投资

价值投资也有经典流派的区分。

比如，巴菲特的价值投资更注重以合理的价格买入优秀的企业，关注企业本身的经营和未来的发展。

比如，施洛斯（Walter Schloss）的价值投资核心原则是低价买入以及分散投资。

另外，像菲利普·费雪、查理·芒格、彼得·林奇、约翰·邓普顿、欧文·卡恩、迈克尔·普莱斯等，都是价值投资的积极践行者，在投资领域享有盛名。

识别非法证券活动要"四看"

天下没有免费的午餐。投资者对非法证券活动要提高防范意识，自觉远离，以免遭受财产损失。

识别非法证券活动，可以从四个方面来判断：

一看业务资质。

证券行业是特许经营行业，开展证券业务需要经监管机构批准，取得相应业务资格。

二看营销方式。

合法的证券经营机构开展证券业务活动时，须遵守有关投资者适当性管理等相关要求，同时还会按要求充分揭示业务风险。不法分子往往夸大宣传、虚假宣传、淡化风险，通过"稳赚不赔"等吸引眼球的说法吸引投资者。

三看汇款账号。

一般来说，非法证券活动的目的是为了骗取投资者的钱财。凡是收款账户为个人账户或与所称机构名称不符的，投资者就要留个心了。

四看互联网网址。

投资者可通过中国证监会或相关行业协会网站查询合法证券经营机构网址，或向中国证监会12386热线求证网站的真实性。

拓展阅读

成为成熟理性投资者

随着我国资本市场的发展、投资者教育工作的深入，我国投资者的金融知识水平和风险防范意识整体提升，理性投资文化氛围正在逐步形成。

根据近年来深圳证券交易所投资者状况年度调查结果，我国个人投资者投资知识水平整体持续提升。

投资者长期价值投资理念逐渐增强，不重视交易止损、过度恐惧、过度自信等非理性投资行为呈减少趋势，理性程度进一步提升。

第四章

搞明白这些投资产品，不再眼花缭乱

股票、债券、基金……都有啥投资风险

股票：我是"身份"的象征

股票，是股份公司发行的所有权凭证。

如果把上市公司比作一艘大船，购买它的股票，就代表对这艘大船拥有相应单位的所有权。

成为公司的股东，享受权利的同时也需要背负相应责任，承担投资风险。

股票的收益来自哪里？

股票投资收入主要由两部分构成：

(1) 股票升值

如果发行股票的公司经营比较好，股票价格上涨，上涨后的价格与投资者买入时价格形成的差额，就是股票升值的部分。

(2) 股息红利

投资者购买股票后，股票发行公司会定期或不定期向股东分配一定的利润。

然而，投资股票可不是稳赚不赔的，投资不当，甚至可能血本无归。

股票是一种高收益、高风险的投资工具，投资者们在看到高收益的同时，也一定要留意股市的投资风险。

债券：有借有还，再借不难

债券是政府、金融机构或者公司等主体为筹集资金发行的，在约定时间支付一定比例的利息，并在到期时偿还本金的有价证券。

发行债券是一种借贷行为。

你去年借我的箭，是不是该归还啦？要连本带息。

借款

漫画背后的故事

《三国演义》中赤壁之战有一则故事"草船借箭"。周瑜要求诸葛亮十天之内造十万支箭，诸葛亮却淡定表示"只需要三天"。第三天四更江上大雾弥漫，诸葛亮调了几条草船向曹营冲去，曹操生性多疑，看不清敌船，就命令士兵向草船射箭。待草船上插满了箭，诸葛亮下令收船，以此借足十万支箭，立下奇功。

债券本质是债的证明书，代表的是一种债权。

比如你买了债券，相当于把钱借给了债券发行人，你就是债权人，债券发行人就是债务人。借钱自然要还钱，附加事先约定的利息，债务人到期都要偿还给你。

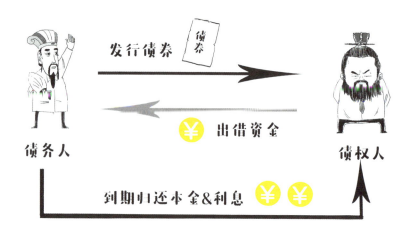

债券的收益除了利息收益，还包括资本利得。

那什么是资本利得呢？

资本利得，就是债券买入价与卖出价或买入价与到期偿还额之间的差额。当卖出价或偿还额大于买入价时，为资本收益；当卖出价或偿还额小于买入价时，为资本损失。

当然，投资债券也不是没有风险的。

债券相对股票来说，虽然投资风险较低，但是债券的市场价格和到期收益率也会受到如市场利率、发行人信用状况、流动性等诸多因素影响，因此也具有一定的投资风险。

基金：越来越有"大众缘"的理财产品

相对于股票和债券，基金属于间接投资。

投资基金并不是直接拿钱购买具体的基础金融工具（如股票、债券、衍生品等），而是把钱交给专业的基金管理机构，由它们选择相应的标的进行投资。

基金收益主要来自基金收益分配和基金的**买卖差价**。

基金投资也存在相应风险，比如市场风险、操作风险等等。

总的来说，投资者在投资基金时要提前做好功课，选择合适自己的产品。

衍生品：我可不是复制品

衍生品一般表现为两个主体之间的一个协议，其价格由其他基础资产的价格决定，并且有相应的现货资产作为标的物，可在未来时点交割。

举个例子：刘备的草鞋店生意蒸蒸日上，生产草鞋需要原材料草垛，刘备想在三个月后购进一批草垛来扩大生产规模。

于是刘备找到关系不错的供应商，两人约定三个月后刘备以每捆105元的价格向供应商购买1000捆草垛。

这个锁定未来价格和数量的约定，就可以看作"远期合约"。

这个"远期合约"就是草垛的衍生品。除了远期合约，金融衍生品合约还包括期货、掉期(互换)和期权。

总之，金融产品家族的队伍非常庞大，投资者在投资之前一定要搞清楚基本关系，投资自己"看得懂"的产品哦。

股票指数，不再让你雾里看花

股票指数，股市的"晴雨表"

股票指数　股指股票价格指数，是为度量和反映股票市场价格水平及其变动趋势而编制的股价统计相对数。

股票指数对于投资者来说，是描述股票市场总体价格水平的"晴雨表"。

我夜观天象，指指一算……

别指指啦，还是看股票指数吧！

股票指数

有了这张"晴雨表"，投资者相当于大致知道股市走势如何，是"晴天"还是"雨天"。

它也可以作为业绩基准，投资者可以参照市场的表现来评估自己的投资情况。

在"周瑜养鸡场"，学股票指数编制法

股票指数编制方法其实比较复杂，我们通过例子简单来类比一下。

第一步，选择样本股票。

第二步，计算这批样本的市值，并作必要的修正。

第三步，选定某基日，当天的整体鸡价则为基点，并以一定方法计算基日时样本的市值。

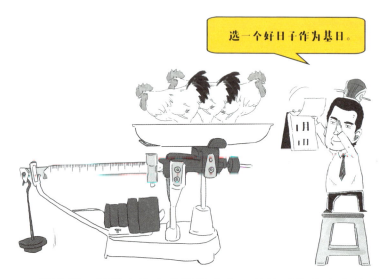

第四步，将样本的市值涨跌变化，转换成指数点位的高低变化。

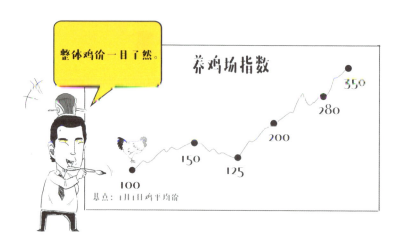

深市指数家族

深圳市有"1+2"核心指数，其中"1"是深证成指，"2"是深证100和创业板指。

深证成指(399001) 选取总市值大、流动性好的500家深市公司作为样本，定位为深市标尺指数，用来反映深市整体的运行情况。

深市主板　　创业板

精选500只大公鸡。

从两个栅栏中选取 **500只**

......

深证100(399330)选取总市值大、流动性好的100家深市公司作为样本，定位为旗舰型产品指数，汇聚深市核心优质企业。

创业板指(399006)选取总市值大、流动性好的100家创业板公司作为样本，定位为创业板标尺指数，刻画深市创新创业特色。

除此之外，深市还有很多有特色的股票指数，比如代表深市创新龙头的深创100(399088)、代表深市高红利股票的深证红利(399324)、代表深市民营企业的深证民营(399337)等。

基础设施公募REITs

基础设施公募REITs(不动产投资信托基金)，是向投资者发行收益凭证，募集资金投资于基础设施领域的不动产(如高速公路、仓储物流等)，并向投资者分配投资收益的一种投资基金。

它采用了"公募基金+资产支持证券"的双层架构。

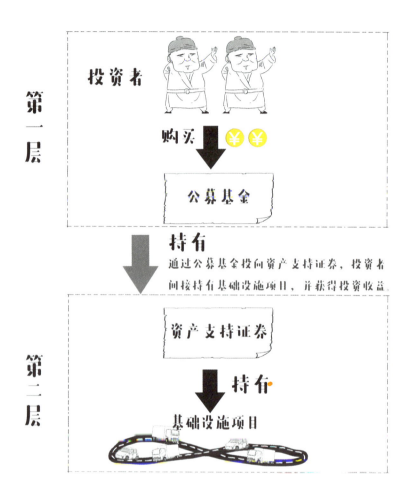

对投资者来说，公募REITs丰富了投资渠道，降低了投资者投资不动产的门槛。但任何投资都有风险，投资者在投资前，还需充分了解产品特点，理性决策哦。

第五章

与上市公司的"第一次"亲密接触

开启第一笔交易

交易的世界，就是人生的修罗场。

从股票"小白"到投资高手，如何稳健地迈出第一步至关重要。

开户

投资者参与股票交易前，应当先通过证券公司申请开立证券账户。

开户时投资者需要携带本人相关资料，通过证券公司的系统自助办理，或到证券公司营业部现场办理。

投资者适当性

为了更好实现产品与投资者之间的风险匹配，保护投资者的合法权益，交易所制定了相应的投资者适当性管理制度，增设了投资准入门槛。不符合适当性要求的投资者，无法开通创业板、科创板或北交所交易权限。

银证转账

　　投资者开户时需选择一家银行作为存管银行以便存取资金，并使用本人名下的银行卡进行绑定。

　　投资者买入股票前，需先将资金从绑定的银行卡通过银证转账方式转入资金账户。

三方存管

有点晕，现在是证券公司在管我银行卡的钱吗？

当然不是！我们严格遵守"证券公司管证券，银行管资金"的原则，这样才能让你放心呀！

三方存管

证券公司

三方存管指的是证券公司将客户交易结算资金存放在指定的商业银行，商业银行接受证券公司委托，以每个客户名义单独立户管理，负责资金存取，从而能够发挥第三方监督作用，以保障客户的资金安全。

交易时间

周末及国家法定假日为我国股票市场的休市日。休市日之外，每周一至周五为交易日。

采用竞价交易方式的股票，每个交易日的9:15—9:25是开盘集合竞价时间，9:30—11:30、13:00—14:57是连续竞价时间，14:57—15:00是收盘集合竞价时间。如果是创业板或科创板股票，每个交易日的15:05—15:30为盘后定价交易时间。

申报数量

股票的买入委托数量是有要求的。以深圳市场为例，A股最低买入申报数量为100股，超出该数量须为100股及其整数倍（如200股）。卖出时，余额不足100股的部分，应一次性申报卖出。

但这并不是绝对的。例如科创板股票最低买入申报数量为200股，超出该数量可以为1股及其整数倍（如202股）。卖出时，余额不足200股的部分，应一次性申报卖出。

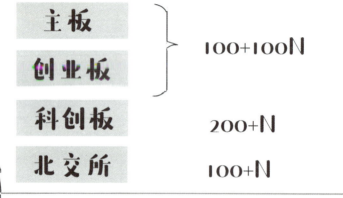

板块	股票买入申报数量
主板	100+100N
创业板	
科创板	200+N
北交所	100+N

注：N为自然数。

　　竞价交易单笔买卖申报最大数量也存在限制。主板、北交所股票单笔申报最大数量不得超过100万股；创业板股票限价申报的单笔买卖申报数量不得超过30万股，市价申报的单笔买卖申报数量不得超过15万股；科创板股票限价申报的单笔买卖申报数量不得超过10万股，市价申报的单笔买卖申报数量不得超过5万股。

价格涨跌幅限制

显然不是哦！

买股票时，价格输入多少都可以吗？

证券公司

通常而言，股票有一定的价格涨跌幅限制。

比如，普通A股价格涨跌幅限制范围为前收盘价的上下10%，创业板和科创板股票的涨跌幅限制比例为20%，北交所股票的涨跌幅限制比例为30%。

　　当然，也有一些情形下设价格涨跌幅限制，具体可查阅相关规定。

　　除价格涨跌幅限制外，还要留意有效申报价格范围的相关规定。

股票撮合成交原则

价格优先的原则为：买入股票时，价格较高的委托单优先于价格较低的委托单；卖出股票时，价格较低的委托单优先于价格较高的委托单。

时间优先的原则为：当买卖方向、价格相同时，先下单的委托单优先于后下单的委托单。

撤单

交易过程中申报的买卖委托单如果没有成交，在当天交易时间规定时段内可以进行撤单，已经成交的委托无法撤单。

阅读第一份公告

这就要说到上市公司的信息披露制度。

信息公开

上市后，公司就变成 "公众公司"，当然和以前的要求不一样了！

上市公司必须依法将财务、经营状况以及其他影响投资者投资决策的重大信息向社会公众公告，相关信息披露的文件应当在证券交易所网站和符合规定条件的媒体披露，供投资者查阅。

信息披露原则

　　上市公司担负对投资者和监管机构的信息披露义务，须真实、准确、完整、及时、公平地披露可能对股票交易产生影响的重要信息。

定期报告和临时报告

上市后的持续信息公告包括定期报告以及重大事件的临时报告。

定期报告包括：

年度报告是"重头戏"，其中的财务会计报告应当经具有证券、期货相关业务资格的会计师事务所审计。

上市公司应当在规定期限内，按照中国证监会及交易所的有关规定编制并披露定期报告。

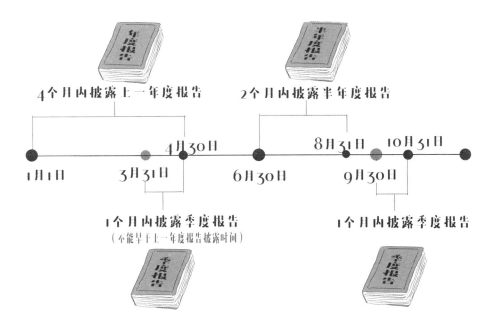

临时报告是指发生可能对上市公司股票及其衍生品种交易价格产生较大影响的重大事件而投资者尚未得知时，上市公司应当立即披露，说明事件的起因、目前状态和可能产生的影响。

法定信息披露渠道

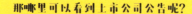

那哪里可以看到上市公司公告呢?

我国《证券法》规定，依法必须披露的信息，应当在证券交易所的网站和符合证监会规定条件的媒体发布，同时将其置备于公司住所、证券交易所，供社会公众查阅。

这些地方都能看到哦。

- 深圳证券交易所（www.szse.cn）
  上海证券交易所（www.sse.com.cn）
  北京证券交易所(www.bse.cn)
  巨潮资讯网（www.cninfo.com.cn）

- 7家媒体及其依法开办的互联网站:
  《金融时报》（www.financialnews.com.cn）
  《经济参考报》（www.jjckb.cn）
  《中国日报》（www.chinadaily.com.cn）
  《中国证券报》（www.cs.com.cn）
  《证券日报》（www.zqrb.cn）
  《上海证券报》（www.cnstock.com）
  《证券时报》（www.stcn.com）

投资者与上市公司互动渠道

现在都互联网时代了，怎么还会需要上门呢？

深交所上市公司的投资者，可以登录"互动易"平台（irm.cninfo.com.cn）或在手机应用市场下载"互动易"App与上市公司互动，向上市公司提问。

上交所上市公司的投资者则可以通过"上证e互动"平台（sns.sscinfo.com）与沪市上市公司进行互动。

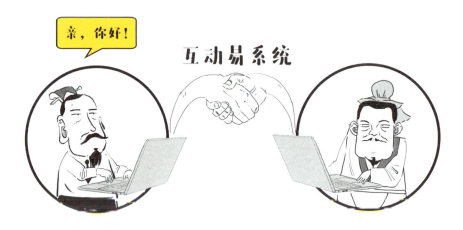

　　"互动易"是深交所建立的，投资者与上市公司之间在线沟通交流的平台，包括问答、资讯及云访谈等多项功能，为投资者提供与深市上市公司互动沟通、公司资讯、投票表决、参与业绩说明会等一站式服务。

第一次参加股东大会

股东大会，就像一场投资者的大聚会。

股东大会是什么

股东大会指由全体股东组成的，决定公司经营管理重大事项的机构。

股东大会是公司的最高权力机构，其他机构都由它产生并对它负责。

股东大会对公司重大事项进行决策，有权选举和更换非职工代表担任的董事、监事，并对公司的经营方针和投资计划等有决定权。

股东大会召开时间

股东大会分为年度股东大会和临时股东大会。年度股东大会每年召开一次，应当于上一会计年度结束后的6个月内举行。

临时股东大会不定期召开，出现《公司法》规定的情形时，临时股东大会应当在2个月内召开。

公司在上述期限内不能召开股东大会的，应当报告公司所在地中国证监会派出机构和公司股票挂牌交易的证券交易所，说明原因并公告。

谁可以参加股东大会

股东大会股权登记日登记在册的所有普通股股东（含表决权恢复的优先股股东）或其代理人，均有权出席股东大会，公司和召集人不得以任何理由拒绝。

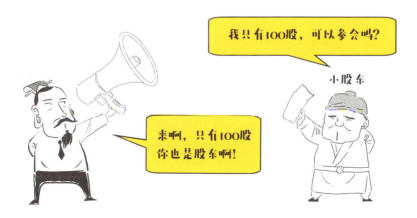

股东大会参与方式

上市公司通常采取现场表决与网络投票相结合的方式为股东参加股东大会提供便利。

深市上市公司股东的网络投票平台包括：

·深圳证券交易所交易系统，可以登录证券公司交易客户端进行投票；

·互联网投票网站（wltp.cninfo.com.cn）。

沪市上市公司股东的网络投票平台包括：

·上海证券交易所交易系统，可通过指定交易的证券公司交易终端进行投票；

·互联网投票网站（vote.sseinfo.com）。

上市公司股东、控股股东及"董监高"

股东

持有上市公司股份的自然人或机构，即成为上市公司的股东。

上市公司股东享有如下权利：

(1) 参与重大决策权

(2) 资产收益权

(3) 信息知情权

控股股东

上市公司控股股东，是指其持有的股份占上市公司股本总额百分之五十以上的股东。

股东持有股份的比例虽然不足百分之五十，但如果其持有的股份所享有的表决权足以对股东大会的决议产生重大影响，该股东也属于控股股东。

董事、独立董事

董事指董事会成员。董事任期由公司章程规定，但每届任期不得超过三年。

独立董事不是公司股东，不在公司任职。独立董事作为外部人员，参加到董事会中为公司经营出谋划策，增强决策的科学性。

高级管理人员

上市公司的高级管理人员，包括公司的经理、副经理、财务负责人、董事会秘书和公司章程规定的其他人员。

监事

监事是公司常设的监察机关监事会的成员，负责监察公司的财务情况，公司董事、高级管理人员的职务执行情况，以及其他由公司章程规定的监察职责。

实际控制人

根据《公司法》，实际控制人虽不是公司股东，但通过投资关系、协议或者其他安排，能够实际支配公司的行为。

第六章

合法权益被侵犯，请大声SAY NO

中小投资者的"护身符"

没有投资者对资本市场的信任和信心，就没有资本市场的健康发展和兴旺发达。保护投资者合法权益是资本市场永恒的主题。

投资者是资本市场活力的源泉

投资者是维系整个资本市场生态运行的基石，资源配置、资产定价、风险分散等市场功能的发挥，都离不开投资者的积极参与。

只有投资者的合法权益得到保护，投资者参与市场的积极性高，市场活水才能流动起来。

筑起保护投资者的长城

投资者保护牵系着千万个家庭的切身利益，尊重投资者、敬畏投资者、保护投资者是相关市场主体义不容辞的责任。

监管机构

中国证监会投资者保护局牵头负责投资者保护工作，与中国证券投资者保护基金公司、中证中小投资者服务中心有限公司共同搭建"一体两翼"的投资者保护体系。

中国证监会服务热线"12386"，是服务投资者的重要窗口，受理证券期货市场投资者投诉、咨询、建议。

各证券交易所贯彻落实《证券法》《证券交易所管理办法》要求，强化自律监管，引导市场主体规范运行，维护投资者合法权益。

上市公司

上市公司应及时进行信息披露，维护投资者的知情权。

上市公司应积极建立线上、线下投资者沟通交流渠道，通过官网、电话、邮箱、"互动易"平台等及时回复投资者的问题，建立良好的投资者互动关系。

除了"被动"地回复投资者，上市公司也可以主动"靠近"投资者。通过设立投资者接待日、开展投资者交流会、业绩说明会等，与投资者进行面对面的沟通交流。

双方有效的互动交流，可以帮助投资者增进对上市公司的了解，上市公司也能及时传递公司战略规划、经营业绩、产业结构调整等信息，提升市场对公司的认可度。

证券公司

证券市场产品种类丰富，风险特征千差万别。投资者如果选择不适合自己的产品，就像穿了一双不合脚的鞋，终究会伤到自己。"将适当的产品销售给适当的投资者"，是证券公司的重要职责。

证券公司向投资者销售产品时，需了解投资者的财务状况、风险承受能力、投资经验等，根据投资者的条件介绍适合的产品，及时提示产品风险，让投资者充分了解产品特点、风险收益情况等。

当然，投资者也有义务配合证券公司，将自己真实的信息按要求提供给证券公司。

越来越多的证券公司在投资者"家门口"建立了实体和互联网投资者教育基地，让投资者足不出户就能了解到市场第一手资讯，减少因投资经验和风险意识不足而导致的损失。

维权机关

维权机关主要包括法院等司法机关，也包括仲裁委员会、调解机构等非诉纠纷解决单位。

日前，最高人民法院和证监会搭建了证券期货纠纷在线诉调对接机制，人民法院调解平台与全国证券期货在线调解平台已经实现数据交换、互联互通，投资者"动动手"就能实现维权目标。

两个平台的联通，帮助投资者纯线上操作就能完成调解流程和调解协议司法确认，为投资者寻求救济提供了便利法律途径与方式。

投资者的维权工具箱

(1) 协商

协商解决一般是处理纠纷的第一步，也是比较直接的做法。

(2) 调解

调解可以在证券业协会、投资者保护机构或双方认可的其他人主持下进行。调解结果可以向有关部门申请司法确认、公证等方式保障调解效力。

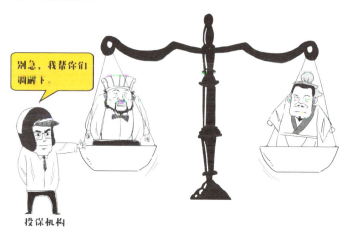

(3) 投诉举报

证监会、交易所均设有专门部门和热线电话接受证券投资者的投诉。根据违法违规行为的性质，投资者还可以向行政管理部门、公安机关或检察机关举报。

(4) 仲裁、诉讼

通过协商或调解不能解决证券纠纷时，可以申请仲裁或者诉讼。仲裁需要双方之间达成仲裁的协议，由仲裁机构进行裁决。投资者也可以向有管辖权的法院提起诉讼，通过司法裁判维护自己的权益。

总的来说，当合法权益受到侵害时，投资者可以通过多种渠道或方式保护自己。投资者维权，你掌握了吗？

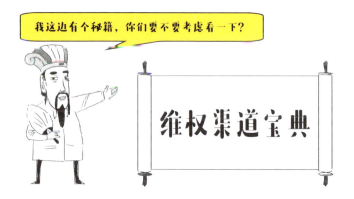

名 称	备 注		
中国证券监督管理委员会	网址：www.csrc.gov.cn	信访投诉电话： 010－66210182、 66210166	投资者服务热线：12386
深圳证券交易所	网址：www.szse.cn	电话：4008089999	上市公司举报信箱： jubao@szse.cn 工作建议与投诉： cis@szse.cn 微信公众号：深交所
上海证券交易所	网址：www.sse.com.cn	电话：4008888400	微信公众号：上交所发布
北京证券交易所	网址：www.bse.cn	电话：4006263333	微信公众号：北交所发布
全国中小企业股份转让系统	网址：www.neeq.com.cn	电话：4006263333	微信公众号：全国股转系统
中国证券业协会	网址：www.sac.net.cn	电话：010-66575827	地方监管派出机构、 地方证券期货业协会
中国证券投资者保护基金有限责任公司	网址：www.sipf.com.cn	微信公众号：中国证券投资者保护基金公司	
中证中小投资者服务中心	网址：www.isc.com.cn	热线电话：12386	微信公众号：投服中心
全国证券期货在线调解平台	网址：tiaojie.investor.org.cn		
证券经营机构	各证券公司都设有官方网站、客服电话等投诉维权渠道。		
国家工商行政管理局及地方工商行政管理机关	国家工商行政管理局及地方工商行政管理机关对证券发行与交易过程中的违法行为也有权进行监督检查。对于在发行与交易过程中出现的违法行为，证券投资者可以向工商行政管理机关检举揭发。		
公安机关	对于扰乱证券市场治安的违法行为或者涉嫌犯罪的行为，投资者应当及时向公安机关反映有关情况，协助公安机关打击证券市场中的各种违法犯罪行为。		
检察机关	对于证券违法犯罪以及涉及国家机关工作人员贪污贿赂的行为，投资者也可以向人民检察院举报，并协助其展开侦查工作。		
人民法院	投资者合法权益受损后可以直接向人民法院提起有关的民事诉讼、行政诉讼或者刑事附带民事诉讼等方式维护自己的合法权益。		

监管者，资本市场的"黑猫警长"

为有效维护市场秩序，监管者们"擦亮双眼"，严厉打击证券市场的违法行为，抓捕侵蚀证券市场秩序的"硕鼠"。

证券市场的"老鼠"有哪些？

(1) 欺诈发行和虚假陈述

指发行人在公告的证券发行文件或信息披露文件中隐瞒重要事实或者编造重人虚假内容，说假话、夸海山的行为。

(2) 操纵市场

指操纵人利用掌握的资金、信息等优势,采用不正当手段，影响或意图影响证券交易价或者交易量。典型行为包括自买自卖、连续买卖、对倒对敲、虚假申报、蛊惑交易等等。

(3) 内幕交易

指证券交易内幕信息的知情人员利用内幕信息进行证券交易活动的行为。

(4) 欺诈客户

指证券经营机构、证券发行人或者发行代理人等在证券发行、交易及相关活动中诱骗投资者买卖证券以及其他违背客户真实意愿、损害客户利益的行为。

比如，发布虚假研究报告、未获取从业资格开展业务、恶意盗号骗取投资者的资金、代客理财保证收益等等。

你们看！我家的老虎多威风。

研究报告

猛虎下山

资本市场的"黑猫"们

我国的证券市场经过30年的发展，逐步形成了行政监管与自律监管各司其职、紧密协作的监管执法体系。

(1)行政监管

行政监管是指国家通过立法，由政府专门设立主管部门对证券发行、交易的整个过程进行监督与管理的一种证券监管模式。

中国证券监督管理委员会及其派出机构实施行政监管。

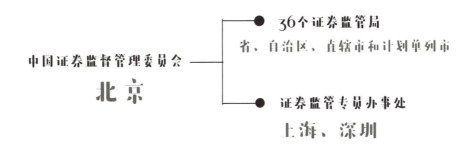

证监会及其派出机构的"监管武器"主要包括：

监管措施	行政处罚
责令改正	警告、通报批评
监管谈话	罚款、没收违法所得
出具警示函	暂停或者撤销证券、期货业务许可
责令公开说明	记入证券市场诚信档案
责令定期报告	……
责令暂停或终止并购重组	
……	

(2) 自律监管

自律监管是监管机构和自律组织按照自我约束、自我规范、自我管理、自我控制的要求，共同制定监管规则，约束市场参与主体的行为，实现对证券市场监督管理的一种证券监管机制。

证券交易所、中国证券业协会、中国上市公司协会等都属于自律组织。

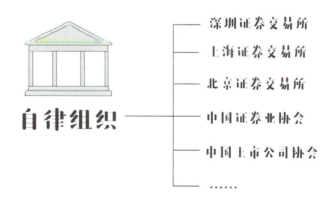

以证券交易所为例，其监管工具主要包括：

自律监管措施	纪律处分
口头警示	通报批评
书面警示	公开谴责
约见谈话	公开认定相关人员不适合担任相关职务
向相关主管部门出具监管建议函	暂不接受发行人、上市申请人、控股股东、实际控制人及其控制的其他发行人提交的发行上市申请文件
要求限期改正	暂不受理、不接受专业机构或者其从业人员出具的相关业务文件
要求公开更正、澄清或说明	收取惩罚性违约金
要求公开致歉、限期召开投资者说明会	报请证监会认定会员"董监高"为不适当人选
限制交易	收取惩罚性违约金
暂停适用信息披露直通车业务	取消交易权限/暂停或者限制交易权限
要求上市公司董事会追偿损失	
对未按要求改正的证券发行人相关证券实施停牌	......
......	

拓展阅读

证券纠纷代表人诉讼

新《证券法》规定的证券纠纷民事诉讼方式，分为普通代表人诉讼与特别代表人诉讼两种类型。该制度有效地降低投资者维权成本，便利投资者提起和参加诉讼，有助于强化资本市场"追首恶"机制，被誉为中国版的"集团诉讼"。

普通代表人诉讼指10名以上存在相同诉讼请求，投资者推选代表人进行的证券民事诉讼。法院可对该诉讼进行公告，存在相同诉讼请求的投资者需要主动加入诉讼，诉讼结果对登记参加的投资者发生效力。

特别代表人诉讼指投资者保护机构受50名以上投资者委托加入的代表人诉讼，其特点在于"明示退出，默示加入"，只要投资者在特别代表人诉讼权利登记公告期满后十五日内不向法院"声明退出"，按照"默示加入"原则，投资者成为特别代表人诉讼的原告。

第七章

这就是资本市场，真是太酷了

资本市场是大生态

现代生活中，大部分物品都是在市场上进行交易的。以金融类产品为主要交易对象的市场，我们称之为金融市场。

一般来说，金融市场主要包括货币市场、资本市场、衍生工具市场等。

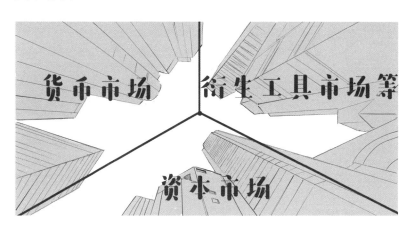

资本市场也称长期金融市场或长期资金市场，是为一年以上资本性或准资本性融资产品提供发行和交易服务的有形或无形的市场总和。

因为在长期金融活动中，涉及资金期限长、风险大，类似于资本投入，所以称之为资本市场。

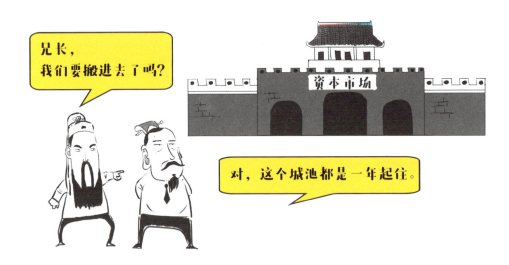

资本市场的主要参与者包括资金的供应者和资金的需求者。

资金供应者就是提供钱的一方，包括机构投资者（基金公司、保险公司、银行等）和个人投资者；**资金需求者**就是需要钱的一方，比如上市公司、政府机构等。

漫画背后的故事

中国民间传说中，阴历七月初七晚上，喜鹊会在银河上搭桥，让牛郎、织女在桥上相会，被称为鹊桥相会。

资本市场分一级市场和二级市场。

一级市场，也称发行市场，是资金需求方将证券首次出售给公众时形成的市场。

二级市场指的是已发行的有价证券买卖流通的市场。

资本市场从服务国企改革起步，到创业板、全国股转系统（俗称"新三板"）、科创板等相继推出，多层次资本市场架构渐趋完备。

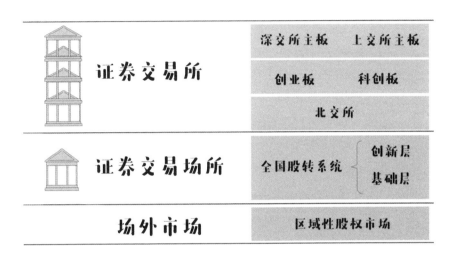

经过三十多年的稳步发展，资本市场的功能也日益得到各方认可。具体来说，资本市场的功能主要包括：

(1)融资功能

融资功能就是指运用各种金融工具，调节资金供求双方资金盈余的能力。

让各种类型企业的融资需求在资本市场上得以满足，是资本市场最重要的功能之一。

(2) 资源配置功能

通俗地说，就是资本市场用钱来定价，让聪明的钱去追逐好的公司，而差的公司则不容易得到资金。

(3) 价格发现功能

在资本市场上交易的股票有价格，这是市场上所有投资者对上市公司综合透明的定价。对没有上市的公司进行估值时，就可以和同行业上市公司作比较，得到较公允的定价。

除上述功能外，资本市场还具备风险管理和公司治理等功能。

资本运作犹如高手下棋

高手下棋，只有深思熟虑，才能决胜千里，资本运作也是如此。下面我们就讲一讲资本运作的几种常见形式。

IPO

IPO（Initial Public Offerings），即首次公开发行股票，属于比较典型的融资方式。公司通过公开发行股票并上市实现募集资金。

再融资

公司上市后还可以通过再融资来筹集资金，比如增发、配股、发行可转债等方式。

并购重组

公司并购指的是公司兼并收购，比如两家或者更多的独立公司，合并组成一家公司等。通常由一家占优势的公司吸收另一家公司。

上市公司收购，是收购人通过股份交易或股份控制关系，获得对一家上市公司实际控制权的行为。

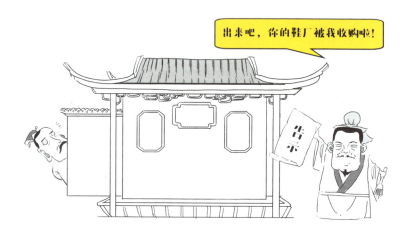

　　资产重组，是指以提高公司整体质量为目的，公司、公司所有者、控制者与外部经济主体进行的对公司资产重新组合、调整、配置的过程。

上市公司重大资产重组，指上市公司及其控股或者控制的公司在日常经营活动之外，购买、出售资产的相关指标达到一定标准，导致交易后上市公司的资产、收入等指标发生重大变化的资产交易行为。

好家伙，购买厂房的费用占我们总资产的51%，构成重大资产重组了！

如果说，资本运作的目的是让公司做大做强，那么退市，就意味着公司股票不能在证券交易所继续交易，该公司也不再是上市公司了。

退市，分主动退市和强制退市。

主动退市是上市公司主动申请终止上市。**强制退市**一般是指上市公司的股票交易、财务指标、规范运作等触及证券交易所的终止上市标准，从而被动终止上市。

退市股票将进入全国中小企业股份转让系统等交易场所进行公开转让。

带你领略各国证券交易所

公司如果要上市，需向境内外证券交易所提出申请。那么，证券交易所是什么样的呢？

境外证券交易所

目前，境外的证券交易所主要有纽约证券交易所、伦敦证券交易所、香港交易所等。

走，我们出海看看去。

纽约证券交易所（The New York Stock Exchange）是美国历史悠久、规模最大的证券交易市场，位于美国纽约。

纽约证券交易所

伦敦证券交易所（London Stock Exchange）成立于1773年，位于英国伦敦，在国际资本市场地位举足轻重。

伦敦证券交易所

香港交易所，全称"香港交易及结算所有限公司"（Hong Kong Exchanges and Clearing Limited），是一家香港上市控股公司，也是全球主要交易所集团之一。

香港证券交易所
由香港联合交易所有限公司、
香港期货交易所有限公司、
香港中央结算有限公司、
香港联合交易所期权结算所有限公司
及香港期货结算有限公司等组成

境内证券交易所

我国境内的证券交易所包括深圳证券交易所、上海证券交易所、北京证券交易所三家。

下面我们从北到南依次介绍。

北京证券交易所简称"北交所"，于2021年9月3日注册成立，是经国务院批准设立的一家公司制证券交易所。

北京证券交易所

错位发展，互联互通。

上海证券交易所简称"上交所"，于1990年12月19日开始营业，是国务院批准设立的全国性证券交易场所，目前设有主板和科创板。

上海证券交易所

深圳证券交易所简称"深交所"，于1990年12月1日开始营业，是国务院批准设立的全国性证券交易场所，目前设有主板和创业板。

深交所的主要职能是为证券集中交易提供设施和服务，审核证券上市并对上市公司和会员进行监管，实时监控市场交易，持续创新交易品种和交易机制，服务投资者、发行人等各类市场参与者。

哇，这就是深交所，赶紧进去看看吧！

深交所形成以主板、创业板为主体的市场格局，为处在不同发展阶段、不同类型的企业提供融资服务。

我们把这两个板块比作大鱼缸，那么各种上市公司就相当于不同体格的鱼。

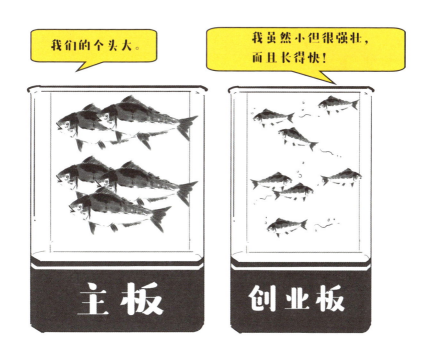

深交所不断增加创新产品供给，为实体经济提供创新性资本服务，引导资金流向创业创新实体。

除了股票，深交所还有很多其他可供交易的产品。

比如**债券产品**，属于多元化的投融资产品。

深交所积极发展债券市场，夯实利率债和信用债"双轮驱动"格局，定向支持民生重点领域，以市场化方式助力中小微企业融资，降低投融资成本。

比如**基金**，深交所提供一站式的资产配置和财富管理平台。

深交所基金市场具备 ETF、LOF、封闭式基金、基础设施公募REITs等品种齐全的产品线，投资标的涵盖股票、债券、货币、黄金、商品期货、房地产等多个资产类别，投资范围覆盖境内、香港、美国、日本等多个市场。

比如**指数**，也是中国新经济引领性指标。

深交所着力构建"1+2"指数格局，形成国际品牌，打造中国新经济引领性指数。

比如**衍生品**，是标准化的风险管理工具。

深交所积极构建以权益类衍生品为主体、覆盖多资产类别的衍生品体系。2019年推出深市首只场内标准化衍生品——沪深300ETF期权，为投资者提供了核心宽基指数和大盘蓝筹股投资的对冲与交易工具。

深交所作为一线监管机构，筑牢市场第一道防线，为投资者提供多重权益保护，全力维护公开、公平、公正的市场环境，有效防范化解重大风险。

深交所建立信息披露、市场交易、风险监测等联动监管机制，搭建完备的风险应急管理体系，保障市场安全运行。

经过多年持续深耕，深交所的技术系统已跻身世界级交易系统行列：持续订单处理能力30万笔／秒，日订单处理能力6亿笔，平均订单处理时延为1.1毫秒，一般故障切换时间少于10秒……

近年来，深交所市场规模不断扩大，融资功能逐步增强，吸引力和影响力不断提升，多项指标已位居世界前列。

拓展阅读

注册制

注册制是一种不同于审批制、核准制的证券发行监管制度。

注册制的基本特点是以信息披露为核心，通过要求证券发行人真实、准确、完整地披露公司信息，使投资者可以获得必要的信息对证券价值进行判断并作出是否投资的决策，证券监管机构对证券的价值好坏、价格高低不作实质性判断。

注册制改革是资本市场完善要素资源市场化配置的重大改革，也是发展直接融资特别是股权融资的关键举措。

免 责 声 明

本书仅为投资者教育之目的而发布，不构成任何投资建议。投资者在实际操作中应以具体规则要求为准，深圳证券交易所投资者服务部对因使用本书而引发的损失不承担责任。

图书在版编目(CIP)数据

漫话大股市 / 深圳证券交易所投资者服务部编著
. —上海 ：上海三联书店， 2022.7
ISBN 978-7-5426-7707-5

Ⅰ. ①漫… Ⅱ. ①深… Ⅲ. ① 股票市场-研究-中国
Ⅳ. ①F 832.51

中国版本图书馆CIP数据核字(2022)第 052718号

漫话大股市

编   著 / 深圳证券交易所投资者服务部

责任编辑 / 李　英
插画设计 / 三折人生
装帧设计 / One→One
监　制 / 姚　军
责任校对 / 王凌霄

出版发行 / 上海三联书店

(200030)中国上海市漕溪北路331号 A座6楼
邮购电话 / 021－22895540
印　刷 / 上海颛辉印刷厂有限公司

版　次 / 2022年7月第1版
印　次 / 2022年7月第1次印刷
开　本 / 890 mm×1240 mm 1/32
字　数 / 50千字
印　张 / 7
书　号 / ISBN 978-7-5426-7707-5/F·861
定　价 / 45.00元

敬启读者,如发现本书有印装质量问题,请与印刷厂联系 021－56152633